What is 믿음이 뭐예요?
나니아 연대기의 작가 C.S.루이스

초판발행 2014년 04월 28일 | 글쓴이 이지영 | 그린이 김찬영 | 펴낸이 이재숭 | 펴낸곳 하늘기획
주소 서울특별시 중랑구 상봉136-1 성신빌딩 지하 | 등록번호 제306-2008-17호 (2008)
ISBN 978-89-923-2030-6 03230 | 총판 하늘물류센타
전화 031-947-7777 | 팩스 031-947-9753

의심의 사람에서 믿음의 사람이 된

나니아 연대기의 작가
C.S.루이스

이지영 글 / 김찬영 그림

하늘
기획

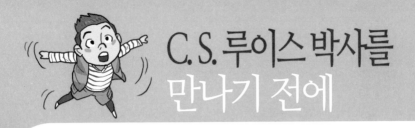

C. S. 루이스 박사를
만나기 전에

여러분은 혹시 이런 고민이나 궁금증이 있지 않나요?

◆ 하나님은 정말 살아 계실까?
◆ 하나님이 계시다면 우리 집은 왜 이럴까?
◆ 하나님이 살아 계신 증거는 무엇일까?
◆ 정말 반석 같은 믿음을 가질 수 있을까?

이런 고민이나 궁금증이 있다면 책을 제대로 고른 거예요.
C. S. 루이스는 여러분과 똑같은 고민으로 방황했으나
하나님의 은혜로 믿음의 친구들을 만나 대화를 나누며 성경을 읽었어요.
그로 인해 하나님이 우리에게 주신 증거를 발견하게 되었지요.
C. S. 루이스 박사님이 살아온 갈등의 삶을 읽다보면
여러분도 참된 믿음을 얻게 될 거예요.

우리 다함께 하나님이 주신 믿음에 대해 알아볼까요?

주안에서 이지영

CONTENTS

믿음이와 C.S.루이스

믿음이 뭐예요?

이지영 글 / 김찬영 그림·컬러

나는 왜 믿음이 없을까?

와~~! 신기한데.

다음 이야기가 궁금한걸.

꼬마야, 어느 부분이 그리 재밌니?

으악! 누.. 누구세요!?

난 네가 읽고 있는 나니아 연대기를 쓴 루이스란다.

정말요?

이야~ 진짜네!

이 녀석, 어른 말씀을
그리 못 믿니?

에이~ 우리 엄마 아빠를
봐서는 못 믿겠는데요.

우리~집

아니 왜?

약속해놓고 종종 어기시거든요.
여행 가자, 주말에 같이 축구하자...

절레

절레

하하하~
그랬구나.

그런데, 네 이름은 뭐니?

!?

11

우리 믿음이가
화가 났구나.

장난치지 마세요.
전 지금 심각해요.

사실 나도
믿음이 없단다.

거짓말 마세요. 아저씨 같은
신앙의 작가가 무슨
믿음이 없어요.

어쩜 이렇게
똑같을까!

꼭 학생시절 나를
보는 것 같구나.

정말 아저씨도 저처럼 의심이 많으셨나요?

그럼! 그런 네 마음 나도 잘 안단다.

꺼이.. 꺼이.. 꺼이..

신앙생활 하기 참 어렵지?

와락

네! 하나님이 안 믿어지니 기도도 예배도 잘 안 돼요.

그렇지. 당연하지.

부모님은 안 그러신데 저는 왜 안 믿어지죠?

안 믿어지는 이유는 모른 채 믿으려고 애쓰니까 그래.

안 믿어지는 이유요?

까짝

그럼~. 이유가 있으니까 안 믿어지지 네가 못 돼서 그런 건 아니야!

우와! 도대체 그 이유가 뭐죠?

그건 바로 ...

영적 기능이 죽었기 때문이야!

쿠 쿵

영적 기능이요?
그게 뭐죠?

어리둥절

우리에겐 하나님이 주신 감각이 있단다.

짠

시청미후촉
각각각각각

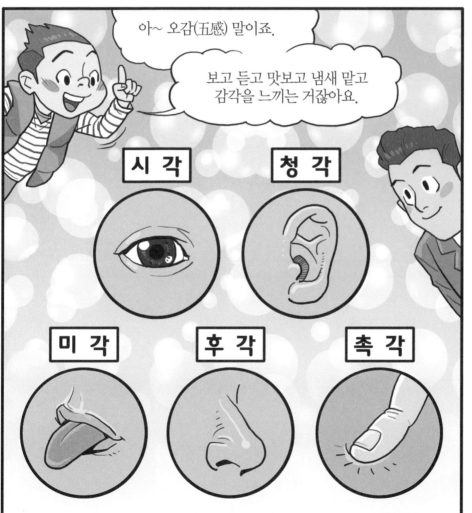

아~ 오감(五感) 말이죠.

보고 듣고 맛보고 냄새 맡고
감각을 느끼는 거잖아요.

시 각

청 각

미 각

후 각

촉 각

하나님은 영이시잖니? 천사도 마귀도 영적 존재고.

그건 알죠. 성경책에 나오잖아요.

영이신 하나님은 사람을 지으실 때부터 우리와 함께 하길 원하셨어.

그래서 아담을 흙으로 지으시고 그 코에 생기를 불어넣으사 영혼을 주셨지.

그래서 인간은 영이신 하나님을 알고 하나님을 누리는 영적 존재가 된 거야.

그럼 저에게도 그 영감이 있는 건가요?

물론 있지. 그런데 아담이 하나님의 말씀을 떠나 범죄한 이후로 그 영감을 잃어버렸어.

그리고 아담 후손으로 태어난 모든 사람도 영혼은 있으나 영적 감각이 죽어서 하나님을 알 수 없게 되었단다.

깜짝

우왕

그렇다면 제가 하나님을 알 수 없는 이유가 바로...

그렇지! 영적으로 죽었기 때문이야.

아니...! 럴수 럴수 이럴수...가!

시각 장애인들이 눈은 있지만 시신경이 죽어서 안 보이는 것처럼

영혼이 있지만 죽어있으니 영적 사실을 알 수가 없는 거란다.

하나님이 어딨어!?

증명해봐!!!

그러면 제가 하나님이 안 믿어 지는 것은 당연한 일이군요.

그렇단다. 안 믿어지는 이유가 바로 그거야.

그럼 제 잘못은 아닌 거죠?

휴~ 다행이다.

그래. 네 잘못은 아니다!

신념과 참된 믿음의 차이?

이~야! 살았다.

그런데.. 하나님을 알지 못하는 영적 사망 속에 있으면 늘 마귀의 종으로 살게 된단다.

으익!
저는 하나님 자녀인데요.

하나님이 안 믿어진다면서 어떻게 하나님 자녀가 되지?

음.. 저는 모태신앙이구요...
음.. 어릴 적부터 교회를 빠진 적이 없어요.

그러면 다 하나님의 자녀인가?

저는 적어도
교회를 안 다니는
친구들과는
다르게
살았거든요.

그렇게 살면 하나님이 자녀로
받아주신다고 하셨니?

그래도...

그래~그래~!
네 마음 나도 잘 안다.

하지만 그건 참 믿음이 아니야.
그런 걸 신념이라고 하지.

자기가 믿고 싶은 대로 믿고
살아가는 거야.

나는 착한일도
많이 했고~

성경도
많이 읽어!

술도 먹지
않고

교회도
잘 나가!

그럼 뭐가 참 믿음이죠?

하나님이 주신 증거대로 믿는 것이 참 믿음이야.

두둥

하나님이 주신 증거!

하나님이 주신 증거요?

그래. 하나님은 믿을 수 없는 우리에게

믿을 만한 증거를 주시고 믿으라 하셨지.

짜

잔

그게 뭔데요?

하나님의 증거는 이것이니
그의 아들에 대하여 증언하신 것이니라

(요한일서 5:9)

하나님의 아들 예수님이
하나님이 계시다는 증거야.

예수님이
하나님의
증거라구요?

그래. 아들이 있다는 것은
아버지가 계시다는 증거잖니.

어! 그거 말이 되네요.
아버지 없이는
아들도 없죠.

그렇지! 예수님은 또 이런 말씀을 하셨단다.

나를 믿는 자는
나를 믿는 것이 아니요
나를 보내신 이를 믿는 것이며
나를 보는 자는 나를 보내신 이를
보는 것이니라.

(요한복음 12:44-45)

이 말씀은 예수님이 하나님을 만나는 길이란 뜻이지.

저도 그 말씀 알아요.

"내가 곧 길이요 진리요 생명이니 나로 말미암지 않고는 아버지께로 올 자가 없느니라."

요한복음 14장 6절 말씀! 아멘~!

와~ 이럴 때는 모태신앙이 좋은 것 같아.

뭐가 달라도 다르다니까요.

26

그래도 하나님이 주신 증거대로 안 믿으면 불신앙에 빠진단다.

에궁.. 그런 것 같아요.

자, 그럼 우리 믿음이는 이제 하나님이 믿어지니?

네~! 아들이신 예수님이 계시니 아버지 하나님도 계시죠.

붐

꾸

그렇지! 예수님은 바로 우리와 함께 하시는 하나님이셔.

오~! 임마누엘! 하나님이 우리와 함께 계시다. (마1:23) 그 말씀이네요.

척

할렐루야!

임마누엘의 비밀은 무엇일까?

그런데 한 가지 궁금한 게 생겼어요.

그게 뭐니?

예수님의 제자들은 하나님의 증거인 예수님을 직접 봤잖아요.

그래서 하나님을 믿을 수 있었지만, 지금은 예수님이 안 계시잖아요?

내가 그 말 나올 줄 알았다.
봐야 믿겠다 그거지?

빙글
빙글

증거가 확실해야
믿음도 확실하죠.

만약 지금까지

예수님이
이 땅에 계셨다면

더 좋았을까?

…

네~! 물론 꼬부랑 할아버지가
되셨겠지만요~ㅋ.

으이~그.

29

그런데 하나님의 증거로 오신 예수님은 왜 하늘나라로 가버리셨죠?

그것이 우리에게 더 좋은 응답이기 때문이란다.

에~이! 예수님이 옆에 계신 것보다

더 좋은 게 어디 있어요?

"내가 떠나가는 것이 너희에게 유익이라 내가 떠나가지 아니하면 보혜사가 너희에게로 오시지 아니할 것이요 가면 내가 그를 너희에게로 보내리니"

(요한복음16:7)

예수님이 떠나가셔야
보혜사가 우리에게 오신다??

예수님이 하늘로 올라가신 이유는
성령님으로 다시 오시기 위해서야.

그냥 옆에 계시면 되지
왜 성령으로 다시 오셔야 하죠?

잘 생각해봐! 예수님이 지금 이 땅에
계신다면 볼 수 있어 좋겠지만,
늘 너와 함께 계실 수 있을까?

인기가 매우 좋으셔서 아마 TV로나
가끔 보고, 악수 한번 하기도 어려울 거야.

예수님...
만나고 싶어요!!!

예수님
LA 방문

앗! 그렇겠네요.

반면에 성령님은 영이시기에 네 몸 속에 들어와 너와 늘 함께 하실 수 있단다.

그래서 더 좋다고 하셨군요!

뿐만 아니라...

성령님은 동시에 모든 사람 속에 함께 하실 수 있단다.

우와! 어메이징!

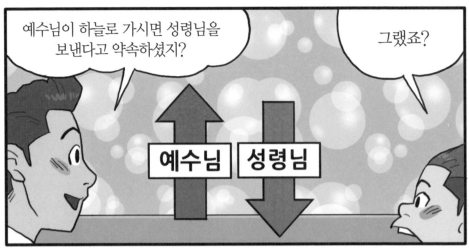

오셨겠죠!
약속하셨으니까.

그렇지! 그래서 오순절 날에 제자들에게
성령이 임하셨잖니.

아! 저도 알아요. 사도행전 2장
마가다락방! 120명!

우와! 우리 믿음이
정말 말씀을 많이
아는구나!

? ?

하지만 성령님이 저와 함께
하시는지는 잘 모르겠어요.

우리 믿음이가
성령님에 대해
왜 확신이 없을까?

저는 사실
아직 방언도 못해봤고

뭔가 뜨거운
체험도 없어요?

하지만 그게
성령님의 증거는 아니란다.

그럼 성령님이 나와 함께
하신다는 것을 뭘로 알죠?

예수님의 이름이야.

요한복음 14장 26절
"보혜사 아버지께서 내 이름으로 보내실 성령.."

그것도 예수...님?

하나님 아버지께서 아들 예수님의 이름을 부를 때 성령 하나님으로 오시는 거야.

믿음아 삼위일체 하나님이란 말 들어봤니?

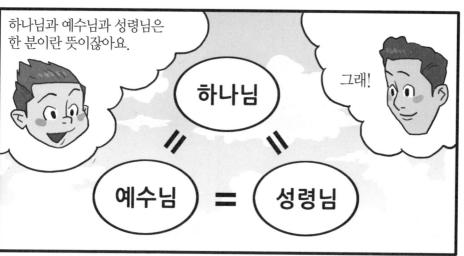

하나님과 예수님과 성령님은 한 분이란 뜻이잖아요.

하나님

예수님 = 성령님

그래!

그래서 예수님의 이름을 부를때 성령님이 너에게 오시는 거야.

그렇다면 제가 예수님의 이름을 부르면 성령님이 저에게 오셔요?

물론이지. 예수님의 이름을 성령님이 찾아오는 약속으로 믿고 부르렴.

하나님 감사합니다. 하나님이 안 믿어지는 저를 아시고 하나님의 증거로 예수님을 보내주시고,

척

또한 저와 함께 해주시려고 예수님의 이름에 성령을 보내주겠다고 약속 하시니 감사합니다.

이 시간 보이지 않고 느껴지지 않지만 예수님 이름으로 성령님이 저와 함께 해주시는 약속을 붙잡습니다.

샤방

샤방

내 안에 들어와 나를 인도해주세요.
예수님의 이름으로 기도합니다.

수

어.. 아저씨?

아저씨?
어디 계세요?

깜짝

아... 망토! 아저씨 감사해요.
앞으로 예수님을 믿는
믿음의 사람이 될게요!

그런데 아저씨는
어떤 분이었을까?

궁금하면
이 책을 읽어봐!

짠

쟤는 누구야?
어? 이거 어디서 봤더라??

뻥ㅡ

크크크.
내 안에
너 있다!!

환
짝

39

의심의 사람이 믿음의 사람이 되다

C.S.루이스

(Clive Staples Lewis) 1898-1963

이지영 글 / 김도형 그림

하나님은 정말 살아계실까?

어린이 여러분!

여러분은 하나님이 정말 살아계신다고 믿나요?

하나님이 계시다는 것을 어떻게 알고 믿지요?

… ….

기쁘고 즐거운 일이 생기면 하나님이 계신 것 같다가도

슬프고 괴로운 일이 생기면 하나님이 계시지 않는 것 같지요?

여러분과 똑같이 하나님에 대해 의심했던 소년을 소개합니다.

누구냐 하면 '나니아 연대기'를 쓴 영국의 작가

C. S. 루이스입니다.

자기주장이 뚜렷한 아이

'클라이브 스테이플 루이스'. 그는 참으로
자기주장이 뚜렷한 소년이었어요. 주변에서
어른들이 뭐라고 말씀하셔도 자기 생각을 끝까지 고집했어요.

한 번은 이런 일이 있었어요. 루이스가 네 살 되던 해에 무척
이나 사랑하던 개가 자동차 사고로 죽고 말았어요.

"엄마, 잭시가 왜 차에 치였죠? 어째서 그 차는 멈추지 않았
을까요? 왜 잭시가 죽어야만 했지요?"

루이스는 잭시가 자기 곁에 없다는 것을 인정하기 싫었어요.
그러다가 루이스는 결심했어요.

"이제부터 내 이름은 잭시야! 누구든지 나를 잭시라 부르지
않으면 대답하지 않을 거야!"

그 이후로 루이스를 잘 아는 사람들은 모두 잭시라 불러야만
했어요.

엄마와 함께 모든 것을 잃다

루이스가 아홉 살 되던 해에 큰 슬픔이 또 찾아왔어요. 어느 날 치통으로 몹시 아팠던 루이스는 침대에 누워 울면서 엄마를 찾았어요. 그는 엄마가 빨리 와서 안아주며 위로해주기를 바랐어요.

하지만 그날따라 엄마는 이상하게도 오시지 않았어요.

44

방문을 열고 들어온 분은 오히려 아빠였지요.

그런데 아빠가 눈물을 흘리시면서

이렇게 말씀하셨어요.

"잭시야, 엄마가 죽어가고 있단다."

루이스는 깜짝 놀랐어요. 더는 이가 아프지 않았어요.

루이스의 머릿속은 오직 한 가지 생각뿐이었어요.

'엄마가 죽으면 안 돼!

하나님께 기도해야겠어.

하나님은 하늘나라 마법사잖아.

뭐든지 다 들어주신다고 했어.'

루이스는 그날부터 계속 기도했어요. 하지만 실망스럽게도 엄마는 몇 주 뒤에 돌아가시고 말았어요. 루이스는 사랑하던 엄마를 더는 볼 수 없었어요.

엄마와 함께 읽던 동화, 엄마와 함께 놀던 정원, 엄마와 함께했던 모든 것을 잃어버린 느낌이었어요.

그리고 잃어버린 것이 또 하나 있었어요. 그것은 바로 하나님에 대한 믿음이었어요.

"왜 내 기도를 안 들어주셨지? 하나님의 마술 실력이 형편없는 거 아냐? 그게 아니라면 혹시… 안 계신 것은 아닐까?"

힘겨웠던 기숙사 생활

아버지는 엄마를 잃은 루이스를 형이 다니는 학교로 보냈어요.

그곳은 집에서 배를 타고 기차를 타고 가야 하는 아주 먼 곳

이었어요.

새로운 환경은 루이스에게 낯설고 무척 힘들었어요.

기숙사 건물은 여름에도 추울 정도로 낡았고, 겨울에도 찬물로

세수해야 했어요. 창문에는 커튼이 없어서 찬바람이 새어 들어왔

어요.

더구나 교장 선생님은 학생들을 매우 심하게 때렸어요. 마치 정신병자처럼 말이죠.

루이스에게 힘든 일은 또 있었어요. 형 워렌 이외에는 친구가 없다는 점이에요. 이상하게도 루이스는 친구를 사귀지 못했어요.

하지만 루이스가 가장 견디기 힘들었던 일은 밤마다 하나님께 기도를 드리는 일이었어요. 매주일 마다 학생들은 기숙사 근처에 있는 교회에 의무적으로 나가야 했어요. 그곳에서 기도는 온 마음과 정신을 집중해서 해야 한다고 배웠어요. 그래야 죄사함과 응답을 받을 수 있다고 했어요.

그 말을 들은 루이스는 엄마가 돌아가신 것이 자기 때문이라는 생각이 들었어요. 엄마가 아팠을 때 정신을 집중해서 기도하지는 못했거든요.

그날부터 루이스는 밤마다 무릎을 꿇고 진심으로 기도했어요. 거의 매일 무릎이 아파서 못 견딜 때까지 기도하다가 잠들었어요. 하지만 제대로 회개하지 못했다는 생각이 들면 다시 일어나 같은 기도를 몇 번이고 반복했어요.

그러나 루이스의 마음은 늘 불안했어요. 하나님의 용서와 사랑 보다는 자신의 죄와 부족함만 떠올랐어요. 루이스는 그런 기도 시간이 점점 싫었어요. 춥고 더러운 학교, 무서운 선생님, 따돌리는 친구들, 고통스러운 기도 시간, 모든 것이 다 싫었어요.

새로운 자유를 맛보다

그러던 어느 날 그 고통에서 해방되는 일이 생겼어요. 교장 선생님이 학생들에게 심한 폭력을 행사한 일로 고소를 당했고, 그가 정신병자라는 판정을 받게 되면서 학교는 문을 닫게 되었어요.

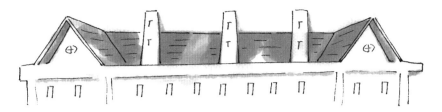

그 일로 루이스는 집 근처의 다른 학교로 전학 가게 되었지요.
루이스는 너무도 기뻤어요. 새 학교는 건물도 깨끗하고 따뜻했
으며, 선생님들도 친절하셨어요.

모든 환경이 좋아지자 루이스의 기도시간도 사라지고 말았어
요. 이제는 하나님의 도움이 필요치 않은 것 같았거든요.

그곳에는 루이스를 어머니처럼
아껴주시는 사감 선생님이 계셨어요. 그녀는 귀신과 대화도 하
고, 타로 카드로 점도 치는 분이었어요.

더구나 꼭 예수님만이 하나님 만나는 길은 아니라면서 불교와 힌두교에 대해서 알려줬어요. 그분께 배우는 것들은 이상했지만, 루이스의 마음은 묘하게 끌렸어요.

계속 다른 길을 걷다

그 이후로 루이스는 여러 선생님과 책을 통해 세상 학문을 익혔어요. 패트릭 선생님은 논리와 글 쓰는 법을 가르쳐 주셨어요. "루이스, 모든 것을 볼 때 자기 생각을 말하지 말고 그것이 논리에 맞는가 판단한 후 말해라.' 하지만 패트릭 선생님은 하나님이 없다고 생각하는 무신론자였어요.

루이스는 옥스퍼드 대학에 입학해서도 많은 책을 읽었어요. 그 당시 읽은 많은 철학, 과학책들은 하나님이 없다고 주장했어요. 루이스도 점점 하나님은 없다고 생각하게 되었어요.

그런 가운데 참전한 1차 세계 대전은 루이스를 더욱 불신앙의 세계로 내몰았어요. 왜냐하면 수많은 전우가 너무도 끔찍하게 죽어갔기 때문이에요.

'하나님이 계신다면 세상이 정말 이럴 수가 있을까?'

루이스는 도무지 하나님을

믿을 수 없게 되었어요.

대학에서 만난 친구들

치열한 전투 중에 부상을 당한 루이스는 치료를 받은 후 옥스 퍼드 대학으로 돌아왔어요. 루이스는 열심히 공부하여 정말 받 기 어렵다는 최우수상을 세 번이나 받았어요.

하지만 공부하면 할수록 하나님이 없다고 주장하는 과학자, 철학자의 논리가 맞지 않는다는 것을 알게 되었어요. 물론 하나 님이 계시다는 증거도 찾을 수 없었지만 말이죠.

다만 하나님이 없다는 무신론보다 꼭 하나님은 아니라도 전능 자가 있을 가능성이 더 높다는 결론을 내리게 되었어요.

스터디클럽을 만들어서 공부하던 루이스는 좋은 친구들을 만

예~수

나게 되었어요. 그중에는 신실한 믿음을 가진 친구도 있었어요. 어느 날 친구 한 명이 루이스에게 물었어요.

"자네는 하나님의 살아계심을 믿는가?"

"어렸을 땐 믿었지만, 지금은 그렇지 않다네."

루이스는 퉁명스럽게 말을 이었어요.

"왜냐고? 정말로 하나님의 도움이 필요했던 전쟁터에 사랑의 하나님이 안 계시더군."

루이스는 예수 믿는 친구들과 이야기 나눌 때마다 이상하게 기분이 나빴어요. 그래서 예수를 믿지 않는 친구만 어울렸어요.

그러던 어느 날 루이스를 당황케 하는 일이 생겼어요.

하나님의 아들 예수를 믿지 않던 친구가 찾아와 루이스에게 말했어요.

"성경의 이야기가 참으로 사실이라니 정말 놀라워!"

자신의 귀를 의심한 루이스는 친구에게 물었어요.

"이봐 친구, 지금 무슨 말을 하는 거야."

"난 예수님이 살아계신 하나님의 아들이심을 알게 되었다네. 그리고 진짜 평안이 뭔지도 알게 되었네. 루이스 자네도 그러길 바라네."

하나님을 믿지 않던 친구가 갑자기 변한 것을 보고 루이스는 정말 궁금했어요.

'도대체 무엇이 저 친구를 저렇게 만들었을까?'

54

반항아가 돌아오다

최우수상을 계속해서 받던 루이스는 대학교수가 되었어요. 돈과 명예 그리고 성공이 그에게 찾아왔어요. 하지만 루이스의 마음에는 심한 갈등이 있었어요. 학문을 연구하는 일이 즐겁기는 했지만 늘 뭔가가 허전했어요.

'이 엄청나고도 복잡한 우주가 그냥 생겨난 것일까?'

'우리 인생을 움직이는 절대자가 정말 있을까?'

그러나 이런 생각이 들 때마다 마음 저편에서는 반항심이 일어났어요.

'내 인생의 주인이 따로 있다고? 말도 안 돼! 내 인생의 주인은 나야!'

루이스는 두 마음으로 인해 늘 힘들었어요. 이제 두 마음 중 하나를 선택해야만 했어요.

마침내 1929년 어느 날 밤 루이스는 무릎을 꿇고 기도했어요.

"하나님을 하나님으로 인정합니다."

하나님이 계시다는 사실을 믿지 않던 루이스가 항복한 거예요. 그러나 이것은 믿음의 시작에 불과했어요. 절대자의 존재를 인정한 것이지, 아직 하나님을 만난 것은 아니었으니까요.

누가 참된 하나님인가?

그로부터 2년 후, 루이스는 친구에게 이런 편지를 보냈어요. "나는 이제 신을 믿는 수준에서 벗어나 그리스도를 믿게 되었다네!"

어떻게 이런 변화가 가능했을까요? 그것은 신앙의 친구 톨킨의 도움 때문이었어요. 톨킨은 여러분도 잘 아는 판타지 소설 '반지의 제왕'을 쓴 사람이에요. 루이스는 종종 톨킨과 만나 예수님에 대한 이야기를 나눴어요. 어느 날은 새벽 4시까지 이야기를 나눴어요.

"모든 신화의 이야기처럼 성경의 예수님도 그럴듯하게 꾸며진 이야기가 아닐까?"

"그렇지 않다네. 모든 신화가 우리에게 감동과 교훈을 주지만  이야기에 불과하네. 하지만 성경에 나오는 예수님의 이야기는 역사적 사실이 아닌가!"

"역사적 사실?"

루이스는 그 말에 충격을 받았어요. 그래요. 꾸며낸 이야기와 역사적 사실은 분명히 다르죠.

드디어, 루이스는 완전히 무릎을 꿇고 고백했어요.

"예수 그리스도는 하나님의 아들이시며,

하나님 만나는 길이십니다.

나를 만나주시려고 사람의 몸을 입으셨으며

나를 구원하시려고 십자가를 지셨으며

나를 새롭게 하시려고 부활하셨습니다.

이런 예수님이 나의 하나님이십니다."

예수님이 참 하나님이심을 깨닫게 된 루이스는 불신앙에 빠져
하나님을 믿지 않는 사람에게 예수님이 참 하나님이심을 전하는
글을 많이 남겼어요. 그리고 루이스가 쓴 글은 지금도 많은 사람
에게 도움을 주고 있답니다.

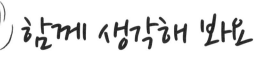

함께 생각해 봐요

루이스는 어릴 때 어머니를 살려달라고 간절히 기도했어요. 하지만 어머니가 돌아가셨을 때 고민이 생겼죠. 왜 내 기도를 안 들어주셨지? 혹시 하나님이 안 계신 것은 아닐까?

여러분도 이런 고민을 해본 적 있지 않나요?

아마 있을 거예요. 힘들고 고통스러울 때면 누구나 하나님을 원망하고, 하나님이 계시지 않는 것 같은 불신앙이 당연히 생깁니다.

왜 불신앙이 생길까요?

"모든 사람이 죄를 범하였으매 하나님의 영광에 이르지 못하더니." (로마서 3:23)

우리가 가진 죄 때문에 사람은 하나님을 알 수도 믿을 수도 없게 되었어요. 그게 무슨 죄냐고요? 창세기 3장에 아담이 사단 말을 듣고 하나님을 떠난 죄에요. 그 순간 마귀에게 잡히고 말았어요. 그 죄가 아담 후손인 모든 사람에게 그대로 전달되었어요.

그게 선악과를 먹으면 죽는다고 하신 영적 사망이에요.

그래서 영이신 하나님이나 천사, 마귀, 천국, 지옥이 있음을 모르는 거예요.

이 사실을 성경 곳곳에서 증거하고 있어요.

"이 땅에는 진실도 없고 인애도 없고 하나님을 아는 지식도 없고" (호세아 4:1)

"어리석은 자는 그의 마음에 이르기를 하나님이 없다 하는도다" (시편 14:1)

"그들이 보아도 보지 못하며 들어도 듣지 못하며 깨닫지 못함이니라" (마태복음 13:13)

하나님이 계심을 모르면 저절로 다른 신이나 우상을 섬기게 돼요

"너희가 그 때에는 하나님을 알지 못하여
본질상 하나님이 아닌 자들에게 종노릇 하였더니" (갈라디아서 4:8)

내 소원을 들어준다고 다른 신에게 절하고 기도하면 더욱 귀신과 마귀에게 잡히게 돼요. 마귀는 어려운 문제와 사건을 통해 우리 마음에 원망과 불평을 심어놓고 '하나님이 계시다면 이럴 수 있나' 하는 불신앙에 빠뜨려요. 이것이 마귀가 하는 일이랍니다.

그리고 마귀는 놀라운 기적이나
기도 응답 같은 체험으로
하나님이 계신지를
시험하게 만들어요.

문제와 사건에 미끄러짐

불평의 강에 빠짐

하지만 기적이나 응답은 다른 종교에도 있어요

다시 말해 기적이나 기도 응답은 하나님이 계시다는 진짜 증거가 아니라는 거죠. 루이스가 하나님이 안 믿어지고 싫었던 이유가 바로 죄와 마귀 때문이에요.

우리도 마찬가지에요. 눈에 보이는 것으로 하나님을 믿으려 하면 마귀에게 속고 불신앙에 빠집니다.

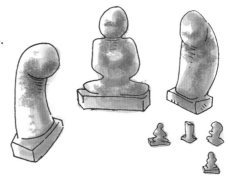

이제 우리는 어떻게 해야 할까요?

하나님은 이런 우리를 잘 아시고 하나님의 분명한 증거를 주셨어요.

"하나님의 증거는 이것이니 그의 아들에 대하여 증언하신 것이니라 "
(요한일서 5:9)

이스라엘의 왕이 어디 계시냐?

바로 하나님의 아들 예수님을 이 땅에 보내주신 거죠.
우리는 예수님을 나와 함께 하시는 하나님의 증거로 믿으면 되요. 하나님이 주신 진짜 증거는 사람의 몸을 입고 이 땅에 찾아오신 예수님뿐이에요. 그래서 예수님을 믿는 것이 하나님을 믿게 되는 거예요.

"예수께서 외쳐 이르시되 나를 믿는 자는 나를 믿는 것이 아니요
나를 보내신 이를 믿는 것이며" (요한복음 12:44)

예수님을 믿을 때 성령 하나님의 인도를 약속하셨어요

그래서 예수님을 믿으면 사탄이 꺾이고 전도가 되는 응답을 받아요.
루이스도 수많은 갈등과 고통 속에서 복음을 듣게 되었어요. 그리고
성령님의 인도로 나니아 연대기 같은 소설을 통해 예수님을 전했어요.

그 책들로 인해 많은 사람들이
예수님을 믿게 되었지요.

어린이 여러분

지금 힘들고 기도 응답을 못 받는다고 해도 하나님이 나와 함께 계시
다는 증거를 하나님의 아들 예수님으로 잡으세요. 그러면 우리를 속이는
마귀는 도망가게 되고 예수님 이름에 성령 하나님이 나와 함께 계심이
확신될 것입니다.

하나님 나라의 일을
말씀하셨구나!

이런 응답 누리는 하나님의 어린이가
되길 축복합니다!

Story plus

에피소드 no. 1

아슬란은 누구인가요?

이지영 글 / 이준희 그림 / 김도형 그림·컬러

나니아 연대기에 보면 사자 아슬란이 나옵니다.
아슬란은 하얀 마녀로부터 나니아를 살려냅니다.

영화 "나니아 연대기: 새벽 출정호의 항해"를 보면
헤어짐이 아쉬운 루시는 아슬란에게 자신이 사는 고향에 놀러오라고 했습니다.
아슬란은 언제나 너희를 돌보고 있을거라고 대답합니다.

〈끝〉

밀알 하나의 아름다운 순종으로 많은 결실을 맺은

한국 최초의 선교사
토마스

이지영글 김도형그림
4,000원

성경 말씀대로 땅을 정복하고 다스린 과학자

경제를 살린 땅콩박사
조지 카버

이지영글 김도형그림
4,000원

방탕한 사람에서 기도의 사람이 된 목회자

고아의 아버지
조지 뮬러

이지영글 이준희그림
4,000원

의심의 사람에서 믿음의 사람이 된

나니아 연대기를 쓴
C.S.루이스

이지영글 김찬영그림
4,000원

아프리카를 개척한 선교사

가난해도 가장 많이 헌금한
리빙스턴

이지영글 이준희그림
4,000원

하루도 쉬지 않고 복음을 전한 전도자

전도의 열정에 불탔던
D.L.무디

이지영글 이준희그림
4,000원

알 수 없는 허전함에서 찬송할 이유를 찾은 시인

찬송의 여왕
화니 크로스비

이지영글 이준희그림
4,000원

주일예배 때문에 금메달을 포기한 육상선수

승리의 예배자
에릭 리들

이지영글 이준희그림
4,000원

C. S. 루이스와 함께 배우는 믿음의 삶

안녕, 나는 루이스야.

나는 어린 시절 사랑하던 어머니를 잃고 믿음도 잃었어.

엄마를 살려달라고 기도했지만 하나님은 들어주지 않으셨어.

청년 시절 전쟁터에서 죽어가는 사람들을 보면서 생각했어.

하나님이 정말 계실까? 계시다면 세상이 이럴 수가 있을까?

그래서 나는 결론을 내렸지. 원래 하나님은 없다고 말이야.

그런데 어느 날 하나님이 살아계신 증거를 찾게 되었어.

그날부터 나의 믿음은 점점 자랐고 견고해졌지.

친구야! 하나님이 살아 계신 증거가 무엇인지 궁금하지?

그럼 나의 이야기를 한번 들어보렴.

자! 이런 친구들은 모두 모두 모여라!

　　– 하나님이 정말 살아 계신지가 의심되는 친구들

　　– 나는 왜 믿음이 안 생기는지 고민되는 친구들

　　– 글 쓰는 재주를 통해 하나님께 영광 돌리고 싶은 친구들

03230

9 788992 320429

ISBN 978-89-923-2042-9

Printed in Korea　　값 4,000원